かんながらたまちはえませ

kannagaratamachihaemase

神様に愛される魂の磨き方

三宅マリ

明窓出版

はじめに

今、時代は大転換期にあります。
現実世界でも、予期せぬ出来事が次々に起こっていますが、目に見えない世界の変容は、その比ではありません。

私の祖母は、天からの啓示により40代で目の光を失いましたが、心眼が啓《ひら》け、目に見えない世界の存在を確信していました。

私にとって特別な存在だった祖母は、何の前触れもなく突如、天に召され、ポツンと取り残された小学生の私は、愛する者を失う「喪失感」に襲われ、その後の人生を荒《すさ》ませました。

その心の空白は、思春期には両親への反抗として現れ、本心では「自慢の娘になりたい」と切望しながら、実際には真逆の言動を取り、悩ませました。

このことは、他でもない自分自身への「嫌悪感」と、潜在的な「罪悪感」へなっていくのです。

そして、救いを求めて心理学を学び始めましたが、根底にある「喪失感」と「罪悪感」は拭《ぬぐ》えないまま過ごしました。

生来、ネガティブ思考の私は、命よりも大切と思える子どもを授かったことで、「もし、この子が事故や事件に巻き込まれて死んでしまったら……、どうしよう？」

「子どもを失った喪失感と、守れなかった母としての罪悪感で、私は気が狂うに違いない」と考えるようになったのです。

愛する我が子を亡くす母親がいます。

そのような人たちに、救われる道はあるのか？

人生には、自分の努力ではどうすることもできない、不条理な出来事が起こります。

心理学では行き詰まり、理論や理屈では到底解決できない理不尽なことも起こるのです。

その救いの道を求めようとする願いは、私自身の魂の希求だったのです。

そして、紆余曲折の末に行き着いたのが、幼い私に染み込んだ、亡き祖母の言葉。

「かんながらたまちはえませ」

「神様、私のすべてをあなたに委ねます。
どうか、御心のまにまにお導きくださいませ」
という意味の言葉です。

人には、生まれる前に神様と一緒に描いたストーリー、「宿命の脚本」というものがあります。
「かんながらたまちはえませ」こそ、神様に繋がり、宿命の脚本を読み解く魔法の言葉。

このことに気づいてからの私の人生は変容し、新たなフェーズを迎えたのです。

奇跡の連続ともいうべき、大切な人たちとの出逢いが次々と訪れ、ようやく、神様と共に描いたシナリオ通りの人生になってきたと、確信できるのです。

「運命の脚本」に縛られ、「宿命の脚本」の前に佇《たたず》む皆さまにとって、「かんながらたまちはえませ」が、新たな人生の扉を拓く奇跡の言葉となりますよう、心からお祈り致します。

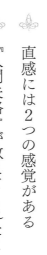

第二章　魂をもっと喜ばせる生き方

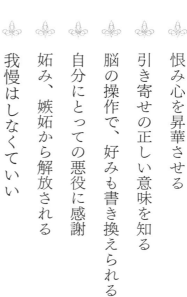

第三章　神様との願いが心に花開く

第一章

「かんながらたまちはえませ」
——高次元とアクセスできる奇跡の言葉

人知の及ばないもう1つの世界

私たちは現在、とても進んだ文明のなかで暮らしています。

古代の人類は、狩りをしたり、木の実を採取したりして生きていました。群れを作り、火というものを知り、それを使いこなすことを覚え、それ以降、文明は飛躍的な発展・進化を続けてきています。


私たちが住まう今のこの地球では、もはや人間が世界のすべてを掌握しているかのような錯覚を覚えるかもしれません。

私たち人間こそが全世界を創り、支配していると……。

でも、本当はそうではありません。

この世界には、人知の及ばないもう1つの世界があります。

その世界の「何か」、もしくは「誰か」が人間というものを創ったために、私たちは存在しているのです。

その「何か」という存在は、人間が最も進化成長した形態ということではありません。

人間とはまったく違う、いわば大宇宙、光、銀河、神……そのような、計り知れない存在です。

私には、村上和雄先生が言われる、「something great」（サムシンググレート）という呼び方がとてもしっくりきます。


私は最近、その大きな存在「something great」を、より強く感じています。


縄文時代の人間は、自然と共に生きていました。

太陽などの偉大なるものを神として崇め、卑弥呼といったシャーマンのような役割の代表者を、奉《たてまつ》ってきたのです。

自然とは、それ自体が偉大なものであり、日々、それに感謝して生きるということが、人間の日常でした。

ですが、いつの頃からか人間のなかに、人間が生物の最高のポジションにあり、自然界のすべてをコントロールしているのだという驕《おご》りが生じてきます。

こうした驕りは、霊格を引き下げ、波動も低くさせていくように思います。

つまり人間は、一見文明とともに進化しているように思えて、実は反比例し、むしろ劣化してきているのではないでしょうか。


例えば、今、世界中で猛威を振るっている新型コロナウイルス。

この未知のウイルスの蔓延において、

「政府がはっきりと指示してくれないから、本当は外に出ていいのか、ずっと自粛しているべきなのか、どのように過ごせばいいのかわからない」

などと、テレビなどでのコメンテーターの発言に、出演者たちが賛同するという演出がよく見受けられます。

幼い子どもが言うのであれば、それは仕方ない。

でも、まともな大人としては、あまりにも心もとない意見ではないでしょうか。

独立した個人としての感じる力（感性）の、退化が著しいといわざるをえません。

情報に頼るあまり、経験による思考を停止し、自主的な判断を放棄してしまっているのではないでしょうか。

直感には2つの感覚がある

今、自分に何が必要なのか、何を欲しているのか、どういう行動をするべきか、もっと言えば、危険を察知し回避する術まで、人間誰しも本能的に感じる力を、実は備えているのです。

それを、「直感」と呼ぶ人もいらっしゃるでしょう。

直感には、「インスピレーション（閃き）の直感」と「直《じか》に観ること」、この2つの感覚があります。

本能的に知っていることが前者、経験のなかで体得した、論理的にわかっているものが後者です。

この2つを組み合わせることが大切です。インスピレーションのみに頼るのではなく、自分自身のあらゆる体験から学んだことで総合的に判断するということが、すべての生きもののなかで唯一、人間だけができることなのですから。

そこから導き出される、「今、どうするか」という感性が重要なのではないでしょうか。

今、このコロナ禍のなかで、あふれる情報のどれを取り入れてどれを捨てるべきか。

例えば私は、「電車のなかではマスクをしないといけない」ではなく、「どんな状況ならすべきか、あるいはしなくていいか」と考えます。

静かな街を一人で黙々と歩いている人、ただ自転車で移動している人などは、誰ともしゃべりません（飛沫感染の恐れはないのです）。

そんな人が、猛暑のなか、熱中症のリスクを負うような状況下では、マスクをしなくてもいいのではないでしょうか。

少し思考を働かせたらわかるようなことも、テレビやマスコミからあふれる情報で思考が停止させられてしまい、劣化をさらに助長してしまうように思うのです。

まさに、これこそが、とても恐ろしいことです。

「人の仕事が、人工知能に取って代わられるのでは？」という議論がありますが、それ以前の問題として、日々、とても恐ろしいことになっているということにまず、「気づかなければいけない」と思えてならないのです。

例えば、テレビのワイドショーでは、芸能人の不倫問題などをよく取り上げていますね。

ほとんどが、「謝罪しなさい」という論調です。

けれども、有名人は模範にならなければいけない、だからみんなで糾弾してもいいという理論もおかしいでしょう。

批判の根拠としては、「結婚しているのに、道徳違反だ」といったものです。

では、おおぜいの人が匿名で自分よがりの正義を振りかざし、攻撃することは許されるのでしょうか？

やり玉に挙がった人を庇《かば》おうものなら、そのコメントにも子どもじみた悪口がつらねられ、反論も許されない状況が作り上げられています。

そうしていると、枠にとらわれない面白い人たちはこの世からいなくなり、残るのはロボット人間という世のなかになっていくのではないでしょうか。

「本当にそれでいいの？」と疑問をもっているのは、実は私だけではないのではないでしょうか。

さらに例えれば、凶悪犯罪が起こった場合もそう。

ワイドショーのレポーターが容疑者の居住地の近隣の人にインタビューして、「容疑者はどんな人でしたか?」と訊く。

するとたいていの場合、「ちゃんと挨拶をしてくれるし、良い人に見えました。殺人なんかするような人とはとても思えませんでした」と言う。

でも、よく考えてみてください。「挨拶をする」ことと、「良い人である」ということとは、全く因果関係がないのです。

逆にいえば、「私は怪しい者ではございません」と、いかにも善人面をしているのが詐欺師。見た目の「良い人」が必ずしも「善い人」とは限りません。真逆のことも多いのです。

偏ったイメージや情報操作された内容が、四六時中垂れ流しになっている昨今、自分で考えることを放棄してしまえば、何にも疑問すら持たなくなり、結局、どこに連れて行かれても文句は言えません。

『人間失格』が教えてくれたこと

最近は、何かあったらすぐバッシング。
大人気だった人も何かで躓《つまづ》くと、すぐに恰好の餌《えじき》にされるわけです。

では、無責任に騒ぎ、人を貶める人に対して、何らかのペナルティがあるのか？
というと、まだまだ野放し。
太宰治は、『人間失格』のなかで、

「自分の幼少の頃の事でありましたが、父の属していたある政党の有名人が、この町に演説に来て、自分は下男たちに連れられて劇場に聞きに行きました。満員で、そうして、この町の特に父と親しくしている人たちの顔は皆、見えて、大いに拍手などしていました。演説がすんで、聴衆は雪の夜道を三々五々かたまって家路に就き、クソミソに今夜の演説会の悪口を言っているのでした。なかには、父と特に親しい人の声もまじっていました。父の開会の辞も下手、れいの有名人の演説も何が何やら、わけがわからぬ、とその所謂父の『同志たち』が怒声に似た口調で言っているのです。そうしてそのひとたちは、自分の家に立ち寄って客間に上り込み、今夜の演説会は大成功だったと、しんから嬉しそうな顔をして父に言っていました。下男たちまで、今夜の演説会はどうだったと母に聞かれ、とても面白かった、と言ってけろりとしているのです。演説会ほど面白くないものはない、と帰る途々《みちみち》、下男たちが嘆き合っていたのです」と書いていました。

世渡り上手でなければ生きていけないと、皮肉を込めて、人間の本質に触れていますが、それを読んだときに、私は逆説的に解釈しました。

「そういう下男たちの俗っぽい無神経さ、浅ましさに、何の疑いもなく自然に溶け込み、同じように振る舞えてこそ、人間らしい人間なのだ。そこにいちいち気づいて、傷ついてしまうピュアな人がいたとすれば、実はこちらが人間失格なのだ」と、太宰治は言いたかったのではないか。私にはそう思えるのです。

まさに今、この世のなかで、そういう浅ましいことが、日常的に繰り広げられています。

生まれた時は、誰もが幸せなスタートを切っている

日本人は特に、人の目を怖がります。マジョリティ（大多数）の意見に迎合す

ることで、「とりあえず安泰」という思い込みがあるのです。

島国の日本では、「村八分の文化」というものがいまだに存在します。

隣近所と少しでも違うことをすれば村八分になる。とにかく当たり障りのないように生きるという精神が根付いてしまっているのです。

でも、世界的大スターのレディー・ガガには、もちろんそんな思い込みはありません。一見、とても奇抜に見える彼女は、ある大賞獲得のインタビューのなかで、次のように言っています。

「私は、自分らしく表現する勇気を持つまでに、長い時間がかかったわ。私は多くのものを持っては生まれてきませんでした。苦労して闘い、今の自分、アーティストになったのです」と。

彼女は幼い頃からひどいいじめに遭い、本当にボロボロになってこれまで生きてきたといいます。そのなかで、ずっと自分自身のために闘ってきたというのです。

それを聞いて、私は確信しました。すべての人は、自分が本当の自分でいられるためにこの世のなかに生まれてきた。そして、それが叶うまでは、諦《あきら》めず闘うしかないのだ、と。

なぜならば、本当の自分というのは、神様と共に在る「魂」そのもののことだからです。

この魂が肉体をもち、この世に生まれる。誰かの子どもとなる。その状況が、育った「環境」や「生い立ち」になります。

この幼い頃の環境のなかで、親の価値観やその家庭のルールなど、「いろいろなもの」が身に付いていくのです。垢《あか》がつくといっても、毒されていくといってもいいかもしれません。

親は誰しも、我が子にはちゃんと育ってほしいと願います。

(天界にいた頃はピュアな光の玉であった)魂が、肉体を持ち、人間として生まれたところから、我が子の幸せを望みながらも、人間心でやきもきしながら関わる親の価値観が影響していくのです。


生まれてすぐの赤ちゃんは、みんな自由。

「私は引っ込み思案で、自信がないのです」とか、そんな赤ちゃんはいません。

堂々と大声で泣けたわけです。

おぎゃーと泣きながら、「私の声って変かしら？ 泣くのをやめておこうか」なんていう赤ちゃんはいないのですから。

「あの子の声、うるさいわ」などとも思わない、人のことも気にならないのです。

ただ自分のことだけ。

すごく幸せなスタートです。


なのに、人間は本能的に、親に見捨てられると生きていけないことを知っていますから、愛されるために親の歪み（価値観や思考癖）に合わせて成長してしまうのです。

親の期待に応えたい、そうできない自分はダメなんだ、と健気《けなげ》にも無意識に思い込んでしまう。

そうして、どんどん本当の自分（魂）をないがしろにしてしまった結果、愛されることも幸せになることもできなくなるのです。

新型コロナウイルスは、どうして怖いのか

人は、肉体を持ち、様々な体験をするために生まれてきたのですから、成長していく過程で、「いろんなもの」を身に付けます。

魂のみのときのようなピュアな状態では生きられません。

その付加していくものとは、いわゆる教育・躾《しつけ》と呼ばれるものです。「してはいけない」、「しなければならない」といった観念が次々に付け加えられ、私たちは育てられていくのです。

社会に出たら、それはより一層強化され、自分を制限してしまいます。

今の生活に何かしらの違和感をもちながら、本当はもっとしたいことや、したい生き方があるけれど、常識的に判断すると、諦めるしかないと思っている人がたくさんいます。

「ややこしいことをして周りとモメて、批判されたり、失敗したりするより、このままがいい」

自分でそう決断してしまっているのです。

先述のマスクのマナー論もそうですが、自分がそうしたほうがよいと思ったわけではなく、「そうしなければ、周りから白い目で見られるからそうしておこう」

と判断している。

また、「自分で考えてした行動で責められるより、みんなと同じように誰かの言ったことに従っておけば安全」と人に委ねて、「考えないこと」を自ら選んでいるのです。

そうして、物事の本質を捉える力は失われていくように思います。

皆、新型コロナウイルスの報道を見て怖いと言いますが、ではその恐怖の正体とは何なのか。

突き詰めてみると、最終的には、「死」が怖いのですね。

何が怖いのかははっきりとはわからないけれど、死ぬことだけは明確に怖い。

その前段階のイメージとして、感染《うつ》されるのが怖い、感染すのも怖い。

もし感染したら、きちんとした予防をしていなかったのではと攻撃されることも怖い。

そういう意識を持っている人が多いと思われます。

いわば、中世の魔女狩りと同じ図式です。

「正義という大義名分を武器にした、数世紀も前の残虐な行為を、令和のこの時代に及んでも、人間はまだ繰り返しているのでは？」

私が感じる恐ろしさは、そこにあります。

これまでも、人知を超えた存在が、何度も人類に警告を与えてきました。大きな災厄などの形で、人々が気づくように仕向けていたのです。それでも、人類はまったく気づきのないまま、ここまできてしまっています。

死後のいく先を考える

現在の学校教育で、「人間はなぜ生まれてくるのか」、「死んだらどこへいくのか」という人間にとって最も大切なことを教わっているでしょうか？

いわゆる「死生観」についての授業は、どこでも行われていません。

それどころか、むしろアンタッチャブルな領域です。

生と死、それは人として生きるために理解しておかなければならない根幹ですが、それをうやむやにされたまま生きていかなければならないのであれば、根無し草のよう。あまりに頼りない。

どのようにして生きればよいかわからないのは、当然といえるでしょう。

ですから、自信もなく、命を輝かせることもできず、漠然と死を恐れるしかないのですね。

確かに、人間が死んだらどこにいくのかということは、誰にもわかりません。導き出した答えが正しいか誤っているかなんて、実はどうでもいいことなのです。

けれども、自分なりの腑に落ちて安心できる答えを持っているか否かで、生き方が大きく変わってきます。

「人は死んだらどこにいくのか――」

その先が、美しく光り輝く世界だと思える人と、死んだら無になると思っていたり、生理的に恐怖感を持っている人とでは、生き方が180度違ってきます。

ループ（転廻）、もしくは転生し、「魂は永遠に死なない」と思えたとき、今、ここにある自分自身への存在意義も大いに高まるのではないでしょうか。

何度生まれ変われるとしても、今生は一度きりなのですから。

「死」とは最も忌み嫌われる言葉ですが、人間にとって「絶対」といえることは、「生まれてきたこと」、そして、「死ぬこと」、この2つだけ。

ここを明確にしないまま自分らしく生きられるはずがないのです。

「自分のことばかり考えていたらいけません。自分のことは後回しで、世のため人のためになることをしましょう」と私たちは教わってきました。

でも、人のためになることをするのが先という考え方は、正しいのでしょうか。

本当は、まずは自身を満たすことができて初めて、そこからあふれ出たものを人に与えることができるのです。


例えば、飛行機に乗る際、いつも思うことがあります。

離陸前の注意事項で、「酸素マスクについては、必ずご自身のマスクをお着けになってから、他の方のお手伝いをなさってください」とのアナウンス。

親なら誰しも、本能的に自分は二の次に我が子を守ろうとしますよね。

けれども、上空でアクシデントがあったときに、親がパニックになって低酸素症になったら、自分の命より大切な子どもを守ることができなくなり、共倒れになってしまいます。

だから、注意事項でも、まずは親から呼吸を確保するように促しているのです。

これは、とても正しい教えだと思います。

誰かを幸せにしたいなら、まずは自分を幸せにすることが大切なのです。

生まれる前に魂が望んだこと——宿命の脚本とは

当たり前、常識とされていることでも、あえて疑ってみることが大切だと思います。

日本は平和で安定しているので、わざわざ自分なりの意見を持って発言し、周囲と波風立てて混乱を招くより、当たらず触らずで適当に生きていられたら、それはそれでいいともいえますが……。

ただ、そうして本当のことを考えないまま、ごまかしごまかしで生きていくと、実際に魂が望む生き方からは、どんどん遠くなっていってしまいます。

また逆に近年、何でもすぐに情報が手に入ることで、「これはこうだ」と決めつけていた自分の常識が簡単に覆されることもある。

そこで、ごまかし切れなくなり、かえって生き辛さを感じている人も少なくありません。

私の好きな学問に哲学があります。

哲学に対して、堅苦しくて手の届かないものと思いがちですが、難しく考えなくても、私にとっての哲学とは、「生死」を考えるということなので、実はいつでも誰でもできることなのです。

自分自身を生きるとはどういうことか、私は、いったい何者なのか……と思いを馳せます。

感じる、考える、ということを、一度、真剣にしないと、本当の幸せにはなれないのですから。

言い換えれば、魂がしたいこと、すなわち、人生のミッションに辿り着けば、人は必ず幸せになれるのです。

これをしないともったいない。

肉体を持つことで、(生まれる前に)魂が望んだことを忘れてしまうので、瞑想などを取り入れて、深い自分に到達し、その記憶を蘇《よみがえ》らせるのもいいでしょう。


実は、生まれる前に、すでにストーリーがあるわけです。

それぞれの魂が持っている。

これを、私は「宿命の脚本」と呼んでいます。

胎内記憶の研究の第一人者で、産婦人科医の池川明先生は、赤ちゃんは、こう生きると決めてから生まれてきたとおっしゃっています。

どのお母さんのところに生まれるかも、自分の望みを神様と相談して決めたりしているそうなのです。

魂が持っている脚本とは、もともと魂が望んでいることが書かれています。それは、大河ドラマのように、壮大で波瀾万丈なものかもしれませんし、ホームドラマのように、ほのぼのとしたものかもしれません。


ホームドラマの典型の、『サザエさん』。

あの家庭には、そんなに深刻なことは起こりません。家族の揉め事も、とても他愛のないことですよね。

マスオさんは浮気しないし、カツオやワカメもグレたりしません。

一方、「華麗なる一族」のようなドロドロのパターンもあります。

お家騒動勃発。

一族総出で謀略合戦を繰り広げる場合も。

人がこの世に生まれる仕組み――魂のループや転生

私が「宿命の脚本」と呼ぶものは、誰もが生まれる前に決めてきています。

そのことを、生まれてきたときにすっかり忘れてしまって、まったく違う人生を歩んだりするのです。

そうして、魂のしたかった、するはずだったことができなかった場合、肉体は終わっても、また同じような脚本をずっと繰り返すというループになっていくこともあるようです。

初めてしたのにうまくできると感じるようなことは、過去生での経験が生かされているのかもしれません。

大人になって知識が増えれば賢くなったと思いがちですが、それよりももっと別の高い意識があるのかもしれないと疑ってみる。

そして、原点に還る。

・すると、大人の知恵のつもりで選んで正しいと思っていたことが、実は違ったのではないかと気づき始めたりもする。

そして、目に見える世界がすべてだとして、常識に照らしてジャッジする癖をやめることで、人はずいぶん自由になれるはずです。

命の仕組みを学ぶ（思い出す）ことで、大宇宙へと視野が拡がります。

そして、「この世に失敗の人生なんて無いのだ」と気づくのではないでしょうか。

どこかの誰かをうらやんで、なんで私はこんなことになっているんだというジレンマもなくなってくるはずです。

人もうらやむような、幸せな生活を送っている人がいると、羨望の気持ちを持つこともあるでしょう。

けれども、その人は過去生では満足にご飯も食べられないような、大変貧しい生活をしていたかもしれません。

イスラエルでの過去生を紐解く

個人的な話になりますが、私の娘がそんな過去生を持っていたようなのです。

あるとき、友人でもある霊能力のある方に、

「マリさんのお嬢さんは、ある過去生では荒れ果てた地で、とても苦しい人生を送っていました。貧しいとかそんなものではなく、非常に過酷な、岩だらけのような場所で暮らしていたようです」と言われました。

そこで今生では逆に、なんの苦労もなく、美味しいものを食べてお洒落をして、可愛いといわれてすごせるような脚本を作って生まれてきているそうなのです。

私は、娘が成長するにつれ、せっかく見た目もスラッとしていてモデルでもできそうなのに、なぜもっと何かに挑戦してみたいとか、積極的に自分をもっと表現したいという気持ちにならないのかと、すごく不思議だったんです。

だって、私はといえば、小学生の頃からずっとコンプレックスの塊《かたまり》で、いつも自分にダメ出ししては、それを克服してきた人生でしたから。

「この娘《こ》なら、私みたいな苦労をしなくても、たくさんの人に認めてもらって、好きなことができるのに……」

向上心や野心がかけらもない彼女に、

「なんで私の娘なのにこんなふうなのかしら」と、ずっと思っていました。

今まで家族や友人たちと数十カ国を回って、素敵な観光もしている旅好きの彼女は、私が呼ばれたイスラエルの旅にも同行しました。

一般的には、イスラエル＝危険というイメージで、敬遠されがちななか、自分でお金を払ってでも行きたいと言ったのは意外なくらいでしたが、どうやら過去生との繋がりで興味を持ったようでした。

聖地巡礼として名高いイスラエルの数々の名所を訪れ、ユダヤ人のルーツを学ぶべく、ホロコースト記念館にも案内してもらいました。

本人としては大変興味深かったようで、出発前から見学を楽しみにしていました。

大きな建物のなかを歩いて展示物を回覧していくというものでしたが、さっきまで周りの人たちと楽しく話をしていた娘が、いきなり真っ青になり嗚咽《おえつ》しだしたのです。

あまりにも突然の出来事に驚いた私が、

「無理して入らなくてもいいから、入口で待っていなさい」と言い聞かせましたが……。泣きながら頑《かたく》なに、

「私も行かせて」と言い張るのです。

そして、最後までゆっくりと独りで見回った彼女は、

「私はここにいた」

そう、言い切りました。

後ほど、泣いていたときの心境を聞いてみると、娘本人も人前で泣くなんてありえないと感じながらも、あふれ出る涙を止めることができなかったというのです。

その涙の意味は、怒りや悲しみ、恐れではなく、ただただ魂から流れ出たものでしたから。

こんなエピソードから、以前聞いた彼女の前生の話に、とても納得がいきました。

イスラエルは国土の60％が砂漠なのですから、過去生でそのような国に生まれていたなら、今回は、幸せに生きられる脚本を書いてきたんだな、と腑に落ちたのです。

魂のループという流転のなかでの話と思えば素直に理解できて、すべてを包み込んで抱きしめてあげたい、そんな気持ちになったのです。

娘が何かにチャレンジするなら、いくらでもバックアップしたいという親心があったのですが、そんな脚本を書いてきたなら、今回は、脚本に反して無理をしなくていい。

親とはいえ別の人、別の魂なわけですから、彼女の脚本を尊重したいと思ったのです。

「私をお母さんに選んでくれてありがとう」という感謝のみが大きく膨らみました。

空虚感、もの足りなさの正体

実は、魂のトレーニングのレベルが高くなればなるほど、脚本は過酷になる傾向があるのです。

けれども、その「宿命の脚本」はもともと自分が望んで書いてきた。そう思えたときに、生き方が変わってくるわけです。

自分が望み、神様と共に内容を決めて、脚本を書いたということを知っていると、どんな人生も、素晴らしい価値のあるものと捉えられるのです。

脚本のストーリーが複雑になればなるほど、人生を理解するのが困難になります。

すると、たいていの場合、しんどくなって途中で諦めてしまうのですね。

そして、本来の脚本とは違うストーリーの人生を送ろうとするのですが、その場合、どこかで違和感を抱いたまま生きることになります。

それでも、もともとエネルギーが強い人であれば、良かれ悪しかれ、違うストーリーでもある程度成功します。

ただ、現状に十分満足している、人からうらやまれるような人生だ、それなのに、なんともいえない空虚感、もの足りなさを感じているという方は、魂が望んでいたストーリーを歩んでいない可能性が高いのです。

この世とあの世の捉え方

神様は、たとえ極悪非道の人間であっても、見捨てることはされません。常に、愛してくださり、魂の望むことができるように見護ってくださっています。

その無限の愛をすべて受け取るには、人間心の損得勘定を超えて、ハートをオープンにすることが大切です。

最近では医学の進歩により、臨死体験などの情報もたくさんあり、死後の世界の研究も進み、今まで知り得なかった情報がどんどん出てきて、いろんなことが解明されてきていますが、「この世」と「あの世」の捉え方によって、生き方は大きく変わります。

このところ、量子力学や物理学の学者などの論文と、霊界からのメッセージを受ける人たちの語ることが、合致してきているように感じます。

今まで相反する対極のものと捉えられていた、両者の真理へのアプローチは、近年、同地点に到達したように思われます。

私の祖母は、神様からの啓示や神様との対話について、たくさんの人に講話をしていました。

ときには笑いを取りながら神の存在を知らせ、宇宙の法則を語っていたのです。

今、私がお伝えしたいこと、それは正に、この、明治生まれの祖母が言っていたことと合致している。

最近、そう痛感しています。

神様が無償で愛のシャワーを降らせてくれている魂の自分

小さな頃の私は、幼稚園にも行けず、何をやってもうまくできない。人と関わるのが怖かったのです。

祖母と一緒にお祈りをしていれば、心が落ち着く。

完全に護られていることを感じられたので幸せでした。

親の愛とは別の、大きな何か。

とても温かいものに、包まれている感覚。

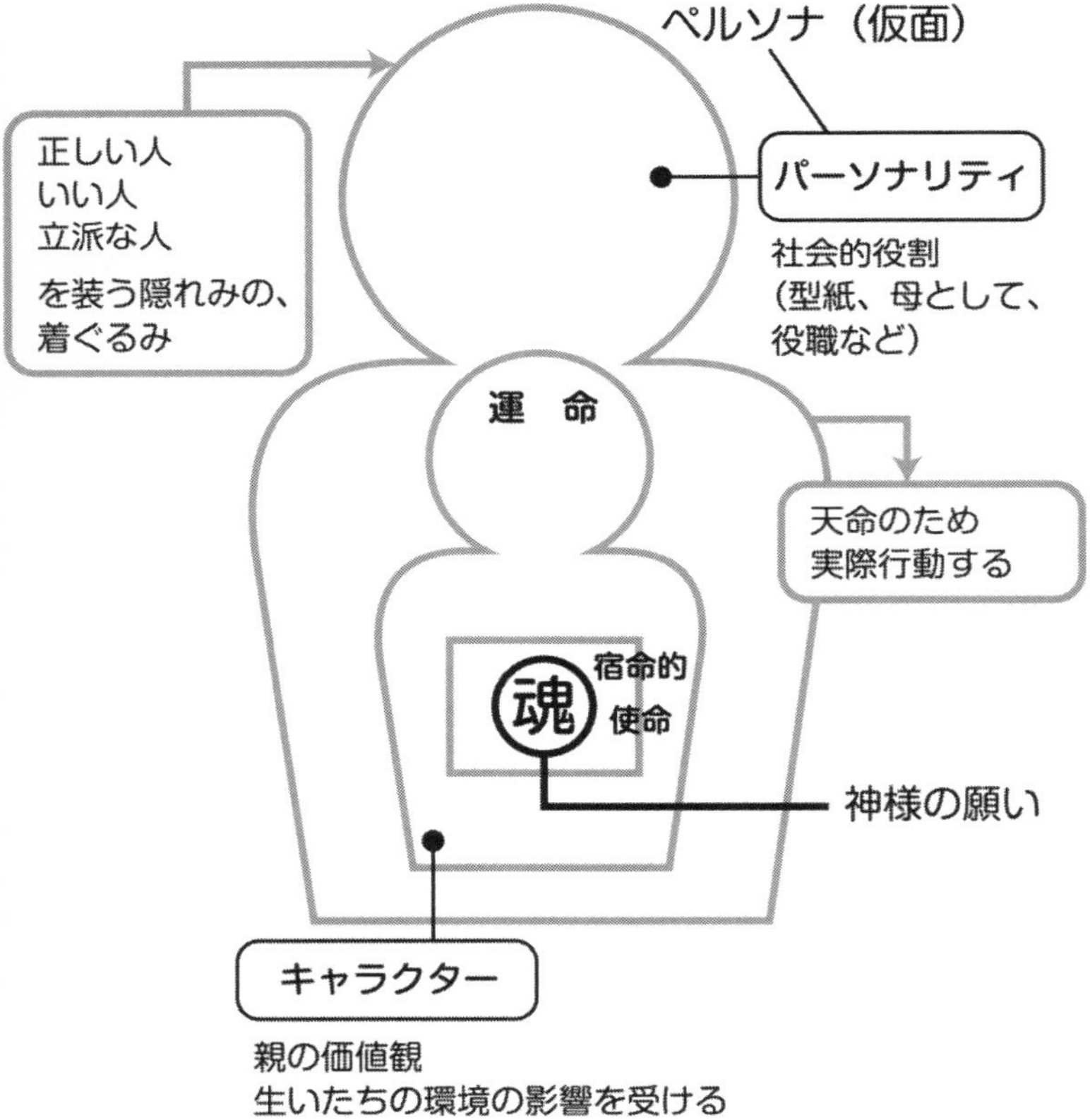
ペルソナ（仮面）
正しい人
いい人
立派な人
を装う隠れみの、
着ぐるみ
パーソナリティ
社会的役割
(型紙、母として、
役職など)
運　命
天命のため
実際行動する
宿命的
魂
使命
神様の願い
キャラクター
親の価値観
生いたちの環境の影響を受ける

右の図は、人がどのようにできているかを表しています。

真んなかの芯の部分に魂があり、宿命や生まれつきの使命を持っています。

その周りにあるのが、個人の人格、キャラクターであり、運命といわれるものです。

さらにそれを取り巻くのが、ペルソナ（仮面、パーソナリティ）で、正しい人や、いい人を装っている、着ぐるみのようなものです。社会からどのように見られているかを意識して、正しい人、いい人を演じている部分です。


ただ、宿命や使命を果たすために、実際に行動しているのもこのペルソナといえます。周りと合わせようとか、親や友達に好かれたい、社会的に気に入られたいと思って行動する自分、社会的役割を演じているのがペルソナの人格です。

私たちは、たくさんの仮面を持っていて、時と場合に応じて、それらを瞬時に取っ替え引っ替えして、日常生活を送っています。

そうしているうち、本当の自分（魂の目的・望み）というのは封印してしまうのです。

「心とは何なのか？」

こうして三層構造で考えてみると、魂、キャラクター、パーソナリティー、この三層それぞれのギャップが大きければ大きいほど、本人にとっては生き辛い人生となります。

社会生活を営むうえでの優先順位は、

①パーソナリティー

②キャラクター

③魂

となり、いつの間にか、魂は存在すら忘れられがちですが、これでは真逆。

天地がひっくり返っているのですから、本当の意味で幸せにはなれないのです。

そして、人はなぜか、あえて魂の存在に気がつかないようにしているのです。

なぜなら、そこに気がついてしまったら、どうしても魂の使命を果たしたくなる。

そうなると、せっかく築いた生活環境や人間関係を崩すことになるかもしれない。無意識に、そんな不安を覚えます。

なので、多くの場合、人は本当の自分、魂の声を封印したまま、ペルソナの人生を送っているのですね。

幼い私は知っていた――魂の使命

祖母は、私を心から愛してくれました。

けれども、私が11歳のときに突如、天に召され、それからの私は神様なんていないんだと思うようになりました。

神様がいるなら、なぜ何の前ぶれもなく大切な祖母を私から奪ったのかと思い、独りぼっちで急に、ポンと暖かい家から寒い外に放り出されたような感覚でした。

祖母は、この世界に生きながらも、より高次元の世界を知っていたと、今になって思います。

三次元以上の世界が存在しているということを、明確にわかっていたのです。

後で詳しく述べますが、祖母は、40歳にして目の光を失い、盲目となりました。

だからこそ、心眼が開き、高次元の世界が見えていたのだと思うのです。

そんな彼女が天に召されて、この世にいなくなったことを受け入れられなかった私は、神様の話もすべて嘘だったと思うようになったのです。

そして、数十年の私自身の学びのなかから、祖母の死のタイミングもまた、パーフェクトなのだということに思い至ったのです。

もし、彼女がずっとこの世にいたら、私のことが可愛くて何でも教えてくれていたことでしょう。何か迷ったり悩んだりしたら、私が納得する答えを、きっと与えてくれたと思うのです。

けれども、それでは私という人間が、「自分」を生きることにならないので、彼女は天界へ還って導くということを選んだのだ。

そう悟りました。

そのように思えるようになるには、永い歳月を要したので、どこか心が欠けたまま、人並みに学校を出て、親が認める人と結婚しました。

それは一見、幸せでした。

けれどもそれは、魂が望む生き方ではありません。30代のある時期から「死ね、死ね」という幻聴が聞こえてくるようになったのです。

ときどき聞こえる程度だったその声が、どんどんスパンが短くなって、鬱《うつ》状態となり、死をも意識しだしました。

得体の知れぬ声の主は、神様かもしれないと思っていたので、「私はきっと見捨てられたのだ。それなら死んだほうがマシだ」と、絶望の淵にいたのです。

後になってわかったのですが、その幻聴は魂の叫び声だったのです。

世間に向けて、「幸せそうな人」を演じていた私は、「せっかく表向きには調和がとれて幸せに見えるのに、それを潰すようなことはしたくない」

顕在意識では、「本当の自分を生きろ」という魂の叫びを聞き入れなかったのです。

ずっとそうして封印していると、エネルギーの高い魂は、封印の扉を破って意識の外から語りかけてくる。

それが、幻聴の仕組みです。

そういう形で私に聞こえてきたのですね。

砂浜の上の一足の足跡

最近、キリスト教に造詣が深い方から、こんな話を聞きました。

ある人が、神様と海岸を歩いている夢を見ました。

砂浜に2組の足跡が続いていて、1組は神様のもの、もう1組は自分のものとわかりました。ところが、ある個所では、足跡は1組しかありませんでした。

その足跡は彼の人生だったのですが、足跡が1組だったのは、彼の人生で、最も困難で悲しみに打ちひしがれている頃でした。

彼は、神様に尋ねます。

「私の人生で最も苦しかったときに、1組の足跡しかありません。最もあなたを必要としていたときに、どうしてあなたは私を置き去りにされたのですか？」と。

神様は答えました。

「あなたが試練や苦しみのなかにあったとき、１組しか足跡がないのは、私があなたを背負って歩いていたからだよ」と。

最近になって、この話からもよく理解できるのですが……。

その頃の私は、信仰というものを勘違いしていました。

神様に見護られるということは、自分が強く願えば、様々な障害があったとしても思い通りにクリアでき、自分の計画した期待通りの結果に導かれるということだと思っていたのです。

けれどもそれは、間違っていました。

護られるということは、宿命の脚本に沿わない方向に向かおうとしたとき、思いどおり進めず、必ずストップをかけられる。

本当の道を見つけ出し、歩み出すまでは、何度でも足止めされてしまう。

だから、どんなに頑張ってもそれ以上進めない、ということなのです。

魂から突き動かされる衝動

私の夫は、23歳の私に、「50歳になったときのあなたはきっと素敵だと思う。それを見越して結婚したい」と言ったのです。

一般的に、結婚したら、子どもが成人したらゆっくりと余生を送って……、など、だいたいの想像がつくように思いますが、私の場合は環境的に、そうした結婚後の想像ができなかったのです。

けれども、彼も宗教家でしたから、生まれついての直感が働いて、50という数字を言ったのですね。

そして、予言のように、私も何かを変えなくてはならないと感じ、50歳になったら自分の人生を生きようと思うようになりました。

けれども、

「世間知らずの私に何ができるのか？　このまま夫に守られて一生を終えることがいいことなのかもしれない」

そう思いながら、悶々とした日々をすごしていたのです。

夫が良いとか悪いではなくて、結婚ということをするなら、あの人しかいなかったと今でも思っています。

いろんな経験をさせてくれたと、感謝の気持ちしかありません。

ただ、私の魂のもつ宿命は、結婚だけで終えられないとわかったのです。

そして、子どもも十分に成長して手を離れた頃、このままではいられないと魂から突き動かされるように感じて、50歳という年齢を待たずして籍を抜くことにしました。

そして、それを機に、講演会など、ようやく魂に根ざすお仕事を始めたのです。

神の力が働くとき

ここで不思議なのは、こういうことに関する数字が合ってくることです。

それは、魂の目的と、魂の外側の三宅マリという人間の運命が持っている脚本、私はそれらを、「宿命の脚本」と「運命の脚本」と呼んでいますが、この2つの脚本が合ってきたということでもあります。

すると、天体の法則とも合ってくるわけです。恒星の配列などから綿密に計算された、西洋占星術やインド占星術など、天文学的に研究された数字が、要所要所でぴったりと合わさってくる。

それまでは、歯車がすべて、狂いに狂っていたんですね。人間の心で、「してはいけない」「しなければならない」「こうすべき」というところで自分を「縛り」、生きていたのですから無理もありません。

夫は三男でしたが、一番立派な人にしなくてはいけないと、国盗りゲームのようなことを自分の使命だと、勘違いをしていたのです。

結婚生活は、ある意味、修行の時間といえるものでもあり、私にとって離婚とは、新たな世界への、神様からのGOサインだったのです。

神様は、私の歩みをずっと見てくださっていて、新しいステージへと導いてくださった。

この想いが、私に幸せをもたらしました。

嫁いで人間関係に揉まれながら問題をクリアしていくこと、一般的にはその特殊な環境も、私にとっては最高のステージだったのです。

成長のステージは、職場であることが多いでしょうが、私にとっての職場は、嫁いだ夫の環境だったのです。

3次元で生きる人間として必要なグラウンディングとは？

グラウンディングは、この地上に根を下ろし、人間としてしっかり成長するということ。

少なくとも、人は40歳ぐらいまでの間は、それぞれの立場で人間を磨く必要があるようです。辛いことがあるとスピリチュアルに逃げたくなってしまったりするけれども、そこには逃げずに、与えられたステージで人間としてのしっかりとした学びを意識しなくてはなりません。

自分に与えられた環境のなかで、切磋琢磨しながら人間力を育てる。男性だったら、ほとんどが仕事の環境でしょう。女性も、仕事の場合もあるでしょうし、家庭や人間関係、子育てなど、いろんなことがあるわけです。大きな病気を乗り越えないといけない場合もある。いろんな環境が、お試しのように与えられます。

いちばんその人の成長に繋がることが、与えられるわけです。

魂が光り輝くためには、通らなくてはいけないところなのです。闇から出たときの光が、一番眩《まぶ》しいように。

運命の脚本と宿命の脚本

先ほど述べた運命の脚本とは、12歳ぐらいまでに、「自分はこう生きよう」と、幼いながら必死の自分が決断して書いています。

そこから少しずつ、自分らしいアイデンティティを確立していくわけです。

そのプロセスで、親から受け継いだけれども、自分にいらないものは、捨てていかないといけません。

ですが、それがなかなかできないのです。

親を否定してしまったら、生き辛くなってしまうのです。

親が言ってくれたことは正しい、と思っていたほうが楽なのですが、100％正しいわけではなくても、

「ちょっと待てよ、それは違うのではないか？」と思ってしまったら、何を信じていいのかわからなくなり、心細い。

そこで、処世術の手引き書にもなるのが、「運命の脚本」ともいえます。

そしてもう一つ、「宿命の脚本」。

これは、生まれる前の魂の望み、神様と共に書き上げます。

宿命とは、ある意味、使命。

では、誰もがすごい影響力のある役割を持っているのかといったら、そうではないのです。

例えば、美味しいものを食べて「美味しいね」と言ってあげるというのも役割です。

大スターのコンサートなら、裏方さんも観客も必要な役割であるように、一人残らず重要な使命があるのです。

極論になりますが、親子での殺人事件が起こったとします。そのニュースを見て、あらためて、自身の家庭のあり方を考え直したり、家族との関係性を築き直そうとする人も多いでしょう。

そんな意味では、どんな役割も、欠かせないものだといえるのです。

魂の喜びは、宿命の脚本に書かれている

普通の人が無理なくできることで、私にとっては難しいことがたくさんあります。

けれども私は、

「私はできないの」と言うことを恥ずかしいと思わないし、

「ごめんね、お願いしていい？」誰かに頼ることも格好悪いと思っていません。

親しい人には、甘えさせてもらっています。

私のような「デキない人」がいるからこそ、「デキる人」は「してあげる」ことができるのです。

その結果、「デキる人」は「デキない人」から感謝されて、ハッピーエンド。

そして私は、自分のできることでお返しすればいいのですから、お互いどんど

ん得意分野を活かし合い、助け合っていけばいいのではないでしょうか。

何か特別なことをしなくてはいけない、と思う必要はありません。

ただ、何のために生まれてきたのかということは考えてみて、それを果たすと、些細なことでも幸せを感じられるはずです。

お母さんは子どもの世話をすることを仕事とは考えません。賃金をもらっていないのになどとは思いませんよね。親としての喜びでしているわけです。

これがもう、役割を果たしているということです。

「あるべき私」を脱ぎ捨てて、たおやかな視点で自分を見れば、あなたを求める人が必ずいます。

大事な数字と行動が合っていく

私についていえば、自分は裏方で夫を支えるものだと思い込んで、自分を殺すようにして生きていましたが、だんだんと鬱になっていったのですね。

それは、その頃の人生が、宿命の脚本に沿っていなかったからなのです。

でも、もう死ぬことしか考えられなくなるところまでいき、生まれ変わろう、一度死んだと思って生き直そう。そう思ったときに、魂に素直になってきたのです。

一度死んだのだから、何でもできる。

魂が喜ばないような生き方はもうしないと決めて、40歳から宿命の脚本に合った人生になってきました。

ここで、数字の大切さということもお話ししたいと思います。

2012年について、アセンションがあるとか、世界が終末を迎えるとか、いろいろな話があったようですが、その当時の私はまったく知りませんでした。私の置かれた環境は、一般的なスピリチュアルに関わってはいけない雰囲気だったからです。

2012年から、私は心理学の勉強などを再開し、2014年には初の講演会をしたりして、年々活発に動いていたのですが、その頃、数秘術を学んでいらっしゃる方に、

「マリさん、2012年12月に、何か変わったことはありませんでしたか？」

と聞かれたのです。

「いえ特に、何もありません」と答えると、

「いや、何かあったはずです。エネルギーの高い人たちは、そこから大転機を迎えた可能性が高かったんですから」と言われました。

家に帰ってスケジュールを見直してみたところ、なんと。

その時期に籍を抜いていたのです。

私にとっては、それぐらい、どうでもいいことになっていたのですね。

というのは、よく過去は変えられないといいますが、実は過去も変えられるからです。

自分の思いが変わったことで、離婚という過去も、大きなことではなくなっていました。


マヤ暦を学ばれている方によると、2013年7月ぐらいから、太陽系の惑星の並びなどにより大きな変化があったそうです。

そして、2020年8月から2021年にも変化があるといいますが、この間にも、数々の大切といわれる日にち、数秘があるのです。

そして私たちは、こちらから合わせて行動するのではなく、結果、その大切だといわれる日や数字に合わせたかのように、人や出来事にうまく巡り合うことが大切なのです。

今に至るまでは長い道のりでしたが、私のような人間に何かできるはずもないと蔑《さげす》みながらも、何か糸口はないかといつも探していました。

そこで、なんとかご縁を見出して、奈良のタウン誌に、生きるヒントのエッセイを連載させてもらうところからスタートしたのです。

祖母が生きていた証として、何か残したい思いで、ある1冊の本にご縁をいただけた。

それが、「月刊奈良」だったのです。

この世に「可哀想な人」は一人もいない

祖母が宗教家として活動していたのは、昭和の時代でしたが、あの当時の新宗教は、ご利益的なものが中心だったと思います。

でも祖母は、たとえ三歳の子どもでも、寿命が来たら死なないといけない、それが悪いわけではないということを言っていました。

寿命の長短が問題ではないのです。

この世に起こるすべてに意味があり、すべて素晴らしいことだと説く教えは、当時は広くは受け入れられなかったようです。

当時の流行りの宗教では、「三歳の子どもが死にそうです、助けてください」と言ったら、「祈って助けてもらいましょう」と言う。

ご祈祷してやはり助からなかったら、「ご先祖様からの因縁です。ご祈祷しましょう」と言ったり。

祖母は、そうしたことはいっさい言わず、ただ、宿命を受け入れ、魂の喜ぶ道に導くという教えでした。

日本では、幼かったり、若くして亡くなった方のご家族に、「さぞかしご無念でしょう」という言葉をかけたりしますが、これは命に対して、ものすごく失礼な話なのです。

いくつで亡くなろうが、その魂はパーフェクトに生きているわけです。

寝たきりになって、人と満足に会話もできないままずっと生きたなら、それでもそれが幸せなのかということですよね。

寿命の長短は、本来の魂の望みと必ずしも合致するものではありません。

また、何かしらの障がいを持って生まれたり、事故に遭って身体が不自由になったり、難病を患った人やその家族に対して、「お気の毒に」「可哀想にねぇ」と平気で言う人も少なくありません。

それほど上から目線の、無礼な言葉はないのです。

この世に「可哀想な人」は、一人もいません。

一人残らず、素晴らしくあっぱれな人生なのです。

過酷な脚本で生まれてきた人こそチャレンジャーであり、魂のレベルが高いともいえるのですから。

本当の信仰心とは

また祖母は、「この世のなかの人を二通りに分けるのであれば、信仰がある人か、ない人になる」と言っていました。

これは、どこかの宗教団体に属しなさいとか、何かを信心しなさいとか、そんな話ではありません。

人知の及ばない未知の領域の存在を認めるかどうかということです。

そして、心が折れそうになったとき、頑張っても頑張っても、もうこれ以上は無理。諦めかけたときに、神様を信じ、自分を信じて、もうひと踏ん張りできるかどうか。

これが、信仰心だと私は思うのです。

人生では、理不尽なことは、おうおうにして起こります。

それでも、誰かや何かのせいにすることなく、自分に誠実に生きていたら、人智を超えた何者かがいて、いつも見てくれていて、「私は必ず報われる」。

そう信じられるかどうか。

これが、信仰がある人とない人の違いなのです。

これは、ものすごく重要なことだと思うのですが、今の日本では、こうした信仰心を持つような教育はされません。

信仰とは、盲目的に偏った教えを信じるものだと錯覚させられているのです。

何らかの宗教を信じる必要はなく、自分のなかに信仰心があればいいだけなのに。

日本には八百萬《やおよろず》の神がおり、どこにでも神が宿っていますから、神社やお寺に参拝しなくてはならないということもありません。

バチが当たるということもありません。

神様は、バチなんて与えられないのです。

もしも、バチが当たったと思うとしたら、何かに対する罪悪感が、そうした状況を引き寄せているのです。

また、霊的能力の高い人たちは口を揃えて、令和から神界のフェーズが代わり、女性性の神様の時代になったといいます。

古来より、日本の総氏神は、女性神の代表の天照大御神《あまてらすおおみかみ》ですが、世界のなかで女性が最高神の国は他にありません。

特に最近この日本で、女性性の神様方が注目を集めておられますね。

瀬織津姫《せおりつひめ》や菊理媛命《くくりひめ》など、封印が解かれ、開かれたと聞いています。

一神教ではなく、また、女性性の神様方がご活躍されているということもあり、特に日本人が、大切な役割を担っているようです。

まさに、女性神の時代が到来したのです。

あの世に逝ったときに大切なこと

祖母は、亡くなったら幽世《かくりよ》に還《かえ》る、幽世というのはあの世ですが、あの世に還ったときに、堂々と胸を張って、私はこんなことをしてきましたと言える生き方をしましょうと言っていました。

そのときに、現世でもらった肩書きなんていらないわけです。

生まれがどうとか、学歴がどうとか、有名人だったとか、そんな自慢は聞いてもらえません。

お金持ちか貧乏か、結婚したとか独身だったとか、どうでもいいことなのです。

その問いかけとは、

「(どんな自分であったとしても)あなたは自分を愛せましたか?」

「あなたは、多くの喜びや感謝を感じましたか?」

「人を愛しましたか？　愛されましたか？」

「自分を幸せにすることができましたか？」

これらに、堂々と答えられればそれでいい。

こちらの世界では、そんな生き方をすればいいだけなのです。


魂を成長させるために生まれてきていますから、いろんな出来事があり、たくさんの人に出会います。苦労も、困難もあるでしょう。

そんな状況を、ゲームをクリアするぐらいの楽しい、前向きな気持ちで体験できれば、あの世に行ってから、すごく人生を楽しみましたという話ができますよね。

あちらの世界でステージを上げるには、この地球で思い切り楽しむことが一番なのですから。

大宇宙の法則に則《のっと》って生きるとは

また、霊感というものについてお話しします。

スピリチュアルブームなどといわれるようになって久しいですが、なんでもかんでも見えたらいいとかいうものではないと、常日頃、祖母は諭《さと》していました。

ちょっと霊感の強い人に、狐か狸などの動物霊や下級霊がついていたとしても、一般的な人間よりは霊的なものが見える。

昔の洪水で流された狐の霊が昔のことを知っていて、騙してくるのもままあることです。

そういった下級霊が憑いているような人に感心して関われば、むしろ、波動を落とされ、運気が下がっていくことがほとんどでしょう。

しっかり見極めることも大切です。

霊界は、上にも下にもあるのですから。

上の方に意識を向けると、口癖のように彼女が言っていた、「御心《みこころ》のまにまに」という言葉。

人間は、自分の力で「生きている」と思いがちですが、神の御心によって「生かされている」。

言い換えれば、大宇宙の法則のなかで素直に生きる、ということです。

自分の力で生きていると思っていたら、必ず限界がきます。

「私は生かされている」と感じ、真理の法則に沿ったときには、人知を超えた応援が入ります。

「御心のまにまに」とは、魂の望みを聞いて、やれるだけやったら後は、神様の御心に委ねます、すべてに感謝いたします、ということです。

天から愛されないはずがありませんよね。

「かんながらたまちはえませ」――高次元とアクセスできる奇跡の言葉

私が、今回特に皆さまにお伝えしたいのが、「かんながらたまちはえませ」という言葉です。

これは、神様の御心のままにまに、「私の魂が輝けるよう導きお護りくださいませ」という祈りの言葉です。

こういう言葉は私にとって、祖母が天に召された失意から、心の奥底に封印されていました。

そして数十年を経て、ようやく今の私と結びついてきたのです。

お祈りの言葉というと、すごく霊的な、宗教的な印象をもたれがちですが、そうではなく、心を真《ま》っ新《さら》に、天に向けてしっかりアンテナを立てれば、天界からいろいろなメッセージがいただけるということと同じことなのですね。

盲目の祖母は心眼が開いていたので、こうした言葉を唱え、高次元とアクセスできたのでしょう。


若くして目が見えなくなった彼女は、100万回泣き叫んだけれども、再び見えるようにはならなかったと言っていました。

狂ったように泣き叫んで、神様に祈りましたが、治らなかったのです。

そしてあるとき、心を鎮めて自分と向き合い、こんなに辛いことはなかなか起きることではない。

だから、もっと大きな意味があるに違いない。

「私は神様に選ばれたのだ」

「私ならこそ乗り越えられる」

「だからこそ、大きなお役目をいただいたのだ」

とそう心を切り替えたとき、宗教家という新たな人生が始まったのです。

それから、神様は神戸に生まれ育った祖母に、奈良に行くよう命じられました。

そして祖母は、

「目が見えなくなった上に、一人も知り合いのいない奈良に住むなんて。そんなのは嫌でございます。私は奈良には行きたくございません」と、神様と問答したようですが、

「輝（祖母の名）、お前が困ったときには必ず、必要なときに、必要な人間をよこしてお前を護る。安心して参れ。神を信じてお役目を果たせ」

そして、天の声を心から信じて、承諾したそうです。

たくさんの人に慕われ、孫の私から見ても、素晴らしい人生を送りました。

お葬式には、それはおおぜいの人たちが祖母を偲んでくださいました。

「どうやってこんなにたくさんの人の心をつかんだのだろう」

そう不思議に思っていたのですが、神様から選ばれて派遣されたのですから、

当たり前といえば当たり前のことなのかもしれません。

エッセイ「御心のままにまに」　月刊「奈良」2013年11月号より

《成るものは成る。成らないものは成らない》

昨日、そんなことをボーッと考えながら電車に乗っていると、最寄り駅を通り越していました。ハッと気がつき、とっさに荷物をまとめ飛び降りると、電車の中から男性が、「かばん、かばん」

お財布、カード、免許証、アイホン、鍵などなど大切なものが入ったハンドバッグ丸ごと置いて降りてしまいました。アホでしょ？

格好悪くて駅員さんにも言いづらい。けど、切符もないので「ハンドバッグを置き忘れました」……「はぁ～？」「今ですか？」「電車の中にですか？」「財布とか携帯もですか？　バッグごとですか？」

あまりにお恥ずかしい失態を誤魔化したくなり、妙に冷静に格好つけて、高飛車に「ええー」……立派なアホです。

諸手続きを終え、とぼとぼ家に帰り、どんなに思っても今更戻れない過去を悔やむのも、心配しても仕方ない未来を案ずるのも止めて、……寝ました。しかも、ぐっすり。

極度に神経質で心配性だった私も、ずいぶん図太くなりましたが、それも楽に生きるコツだと私は思っています。

結局翌朝、見つかりました。

日頃の行いが善いからとも言えない私なのに、すべて無事に戻ってきたのは、普段、神戸の諏訪神社にお詣りしているからかしら？

先週、伏見稲荷大社にお詣りしたからかしら？

なんて一瞬思ったのですが、神様がいちいち、ただのおバカの相手をなさるはずないので、今回はラッキー。として、感謝はちゃんとしておきます。

うまくいったときは、感謝すればそれでいい。自分にとって不都合な出来事が起きたときが問題なのです。

それをどう受け止めるかが運命の分かれ道だと思います。

私が11歳のとき、天に召された祖母は、〝神の御心のままにまに〟生かされる（すべてを感謝し、受け入れる）生き方を理屈抜きに実践していました。

まだ幼かった私に、その真意は伝わらず、『神様にお祈りすれば願いが叶う』物事が自分に都合よく、思い通りに運ぶことこそが護られている証。

そう信じ込み、それはそれで都合よく生きていました。

が、結婚を機に環境が激変し、勝手な思惑はことごとく外れます。

受け入れがたい現実を前に、「相手を変えよう」と躍起になり、人生の歯車を狂わせてしまいました。

真っ暗闇のトンネルの中、進むことも引き返すことも出来ず、仄かな灯りを求めながらも、逃げたい心でブラインド。渦中の私には何も観えず、絶望していました。

『神様なんていないわ。いても、どうせ私は見捨てられているわ』

自分の思い通りに生きたい人間が、思い通りにいかなければ、現実逃避思考から、周りの人や環境を変えようとしてしまいます。それもうまくいかなければ、卑屈になります。

卑屈とは、品性に卑しく、気力に欠け、自分を卑しめ、いじけていること。

そんな人、しあわせになれるはずありません。

『私なんて生きている価値ないわ』

自暴自棄になりながらも、祖母の生き様を想っては、何とか立ち直ろう、もう一度やり直そうとしましたが、苦しい葛藤の日々が何年も続いて、もう限界。

「どうせ死ぬなら」覚悟を決めて。思いっきりひっくり返してやりました。

「○○なりますように」「○○なりませんように」自分都合でうまく生きようとする心を捨て、不都合な現実や障害と思える物事に直面したときこそ、「さあ、やるぞ！」

真正面から取り組み、乗り越えることを覚えてから、ずいぶん楽になりました。

思惑が外れたとき、望みと正反対の答えが返ってきたときこそ、ドンと引き受け楽しむようになってから、しあわせになりました。

そのとき自分に出来る最善をする。あとはどう転ぼうが天にお任せ、ケセラ・セラ（なるようになる）。次に繋げていけばそれでいい。

軽やかに考えるようになってから、自由な私になれました。

どんなに願おうが祈ろうが、ならないものはならない。どんなに拒もうが泣き叫ぼうが、なるものはなる。

「どうせそう」なら喜んで！

〝宿命〟を受け入れることで、〝運命〟が切り拓かれるのですから。

〝護られる〟とは、人間心の勝手な算段でうまくやっていけることではなく、〝やれなくなる〟ことではないかと思います。

《権力を誇示するため、名声を得るため、誰かを変えるため……etc》不純な動機であれば、どんなに必死に突き進もうとしても、方向転換せざるを得なくなる。間違った方向には、決して進めない。

また、乗り越えなければならない必要な課題であれば、どんなに逃れようとしても、取り組まざるを得なくなる。（克服するまで）決して逃げられない。

だからこそ逆に、《自分自身や誰かの真のしあわせのため》純粋な動機であれば、かなり難しい願いであっても、必要なとき必要なめぐり逢いや別れを与えられ、必要なとき必要な環境や状況を与えられ、偶然の重なりが必然となり、自然にしあわせへと導かれていく。

実体験からそう感じ、今は、確信しています。

『神を軽く使ってはいけない。神を利用しようとしてはいけない』

祖母が常々こう申しておりましたが、わたしたち人間に大切なのは、もう限界と思ったとき、神仏を拝み倒すのではなく、もうひと踏んばり心を折らないこと。

矛盾する二つの心の葛藤に負け、自分から逃げてしまわないことではないでしょうか？

「しっかり自分と闘えますように」

心に誓いを立て祈ることで、人は護られ、しあわせへと導かれるのではないでしょうか？

第二章　魂をもっと喜ばせる生き方

第一章でお話したことの他にも、祖母の教えはたくさんありましたが、私がそこから学び、いろいろな体験をしてきた今、皆さんにもお伝えしたいこととして、次にまとめてみました。

ドリームキラーには要注意

「あなたのことを心配しているから言うのよ」

こんな親切なアドバイスをしてくれる人が、あなたの周りにいませんか。

本当にそう思ってくれている場合も、そうでない場合もあるのです。

しっかり見極めなければいけません。

ドリームキラー。

人が羽ばたくのを邪魔する人たちです。このネーミングからは、ライバルなどを思い浮かべがちですが、それが友人だったり、恋人だったり、夫婦だったり、親だったり。

実は身近で親しい人だったりするのです。

心配という大義名分で、結局は「そんなことできるわけがない」、「無理に決まってる」と言いたいのです。

たまたま以前、こんなことがありました。

人前で話すトレーニング（ＮＬＰ）のレッスンをスタートした頃、ある親しい方から、

「あなたはプロの目で見てもらえば、もっと可能性が広がるかもしれない」と、プロモーターの女性を紹介してもらい、今後の相談に行きました。

何社も会社を経営していて、当時の私から見れば、今まで見たこともない「デキる女性」でした。

その方が、

「あなたはポテンシャルはあると思いますよ。でも、今まで何回、人前で話したことがありますか？」と聞くので、

「まだ数回です」と答えると、

「すべて経験、実績なんです。私なんか、何十回も機会がありましたけれど、今でも人前で話すときはあがりますよ」とおっしゃいました。

普通こう言われたら、「この方でもできないなら、私なんかできるわけがない」と思ってしまいがちです。

でも、「あなたと私は違うのよ。一緒にしないで」くらいに考えましょう。

実際に、イメージトレーニングによってあがらなくなりました。

そんな簡単に可能性の芽を摘まなくていいのですから。

あなたのしたいチャレンジを阻んでくる人の言うことを、鵜呑みにしないで。

マスコミなどの情報もそうですが、何でもかんでも取り入れてしまうと、振り回されるだけです。

自分で感じて、自分で見極める。誰がなんと言おうが、「私がこう感じるんだから」ということを優先させてもいいのです。

間違いないと思えるくらいに、直感のアンテナをしっかりと、天に向けてまっすぐ立てることが大切です。

現在は、このアンテナが歪《ゆが》んでいたり、錆びついている人がとても多いですね。

必死で情報集めをするよりも、大宇宙から送られてくるパーフェクトな叡智を取り入れるほうが、どれほどスピーディーに願いが叶うかわかりません。

そしてまた、魂レベルでステップアップしたいときに、今の人間関係のなかで、とにかく誰とでも仲良くしておくというスタンスでは、望むステージには進めないように思うのです。

人間関係にも、取捨選択が必要なのですね。

無理して波長の合わない人と付き合って疲れたり、好きでもない人に嫌われないための努力をして、自分を嫌いになっていませんか？

他人のご機嫌をとる前に、自分をご機嫌にしておくことが大事なのです。

例えば、１００人、１０００人と名刺交換をして、誰彼かまわずエネルギーをばらけさせてしまったら、本当に大切な人を見つけることも、見つけてもらうこともありませんから。

自らに正直に生きる

よく、人を裏切ってはいけないといいますが、人を裏切るという前に、自分を裏切らないことが大切です。

自分の魂に嘘をついたり、ごまかしたりして生きている限り、本当の幸せはつかめません。

そうなると、本当の意味で愛すべき人を幸せにすることもできないのです。

自分に嘘をついて生きるということが、通じない時代になってきています。

そうしていると、ステップダウンするということに気づいて、生き方のギアチェンジをすることも必要です。

人には好かれなくてもいい

人に嫌われてはいけないと、頑張っている人が多いと思いますが、実際、本当に必要な努力なのでしょうか。

「仲間はずれになりたくない」「嫌われるのは怖い」と思って、あなたを大切にしてくれない人や、軽く扱ってくるような人とでも付き合ってしまうと、本当にめぐり逢うべき人とは出会えないのです。

まずは自分を、そして自分の身近な人を大切にできるかどうか、それが大事なのです。

私の調査結果によると、周りの人の顔色を見て、「気に入られたい」と合わせている人より、自分の好きなことをして、好きな人と一緒にいたいと思っている人のほうが、結果的に人気者になっているような気がします。

ご縁にも「人間界」のご縁と「天界」からのご縁があります。

「人間界のご縁」は文字通り、周りの人からの紹介や、何かのイベントで出会ったりして、気が合う、波長が合うと感じるものです。

一方、「天界からのご縁」は、ありえない誰かの「うっかり」や「たまたま」によって、作為なく繋がり、拡がり、展開していく。

それらもいい加減に扱わず、より大事に意識したほうがいいのです。

天界から与えられ繋がるご縁に、年数は関係ありません。

会ってすぐから、何か懐かしい温かい気持ちになって、意気投合。

何をしようが楽しめる。何を言っても大丈夫。

そんな仲間と時間を忘れて語り合えば、素敵なアイディアがいっぱい浮かんでくるはずです。

「もしも」はやめる

「もしも、こうしていたら」

もしも、違う選択をしていたら、どうなっていたか。

これが口癖になっていませんか？

「これしかない」

喜んで受け入れる意識が大事です。

嫌なことが起こっても、今はこれがベスト。

ベストなことしか与えられないんだと感じる「クセ」をつけることが、幸せへの近道。

最近、つくづくそう感じます。

過去を思い出して、

「あのとき、何であんな言い方をしたんだろう」

「他の言い方をしていれば、今頃こうなっていたに違いない……」

そう感じて落ち込むこともあるでしょうが、大体この言葉を出すときは、現状の不満を嘆いているのですが……。


『プリティ・ウーマン』のＤＶＤを観ながら、隣でスポーツ新聞を読んでいる

夫に、

「あーあ。もしこの人がリチャード・ギアだったらなぁ」と思っても、自分だってジュリア・ロバーツじゃないといけなくなるのですから。

まずは、現状に満足する、ＯＫを出すことが大切なのです。

全てはベストで廻っているのです。

あなたを騙したり、意地悪してくる人に対しても、「もし、あの人が○○じゃなかったら」と思わなくていいのです。

その人には、そのときのそれしかできなかった。

そうすることで何かを解消しようとした、必然だったのだ、と理解すると、すべて許せます。

私自身、「もしも」がいつも口に出ていたときは、幸せではありませんでした。

「もしも」ということの言葉がキーワードとなる後悔も消え去ります。

「もしも」を捨てた時点で、自分の生き方への覚悟が決まります。

まずはイメージする

具体的に何かが「成る」というときは、必ず知的想像と物的創造。2回の「ソウゾウ」をしています。

イメージができないことは、現実化しないのです。

素敵なアイディアが浮かんだら、それがすでに叶ってその場にいる自分を、リアリティを持ってイメージするというところから始めましょう。

着ている服、表情、その場の雰囲気、体感、気温、匂い、周りの人たちとの会話をイメージし、「すでにそうなっている」自分を具体的にロールプレイングするのです。

不意に誰かに見られたとき、

「ヤバイ。見てしまった」

と思わせるくらい成りきれていたなら、現実化するのも遠い未来ではないでしょう。

そんなスタートの仕方は、日本人は特に苦手でしょうが、実はイメージングの力で、実現がもっとスピーディーになります。

イメージングの力を上げれば、よりスピーディーに現実世界に反映されます。ですが、ほとんどの場合、自分のできるぐらいの範囲のことしかイメージできないのが、実にもったいないことなのです。

一例を挙げると、月に20万円のお給料の人に、1年後の自分の最高をイメージしてくださいと言ったら、もっと残業して、副業をしたらこうなって……などと、現実の自分からスタートしてしまうのですね。

うまく転職できたら、月に30万円稼げるようになっているとか、現実に根ざした目標を設定しがち。

いきなり、奇跡的なことが起こるような未来図は描けないのです。

なぜなら、自分にできるはずがない、突拍子もないことを言ったらバカにされると、小さいときから思い込まされているからです。

誰かに苦労話を聞かされたり、「世のなか、そんなに甘いものじゃないんだよ」と説教されて、「無理だ」と思ってしまっていたり。

そんな方は、自分の得意分野でなら認められて、成功するとリアルにイメージしやすいかもしれません。

「フォーカスしたものが巨大化する」

この法則に従って、どんなに現実離れしたイメージでも、意識してフォーカスしてみるのがいいでしょう。

イメージする↓口に出して言ってみる↓信じ切って成りきってみる。

そして、それは本当になるのです。

人がバカにしたってかまわない。バカにさせておけばいいのです。

言ったらなる。そういうことなのです。

必要のない情報や人には、チューニングを合わせない

あるとき、レストランで友達数人と食事をしているとする。そのうちの一人が、「隣の席の話がものすごく気になった」と言ったとします。

でも、まったくその声が聞こえなかったという人もいるでしょう。

ラジオを聴こうとしてチューニングをしているとき、合った周波数の音が聞こえてくるように、波動の合わない音や物は、なかなか耳や目に入ってこないので

す。

もし、人の悪口や噂話ばかりが耳に入ってきたり、人の欠点や悪いところばかり目につくとしたら、それは低い波動にチューニングしているせいかもしれません。

少しずつでも高い波動にチューニングしていけば、見えること、聴こえることも変わるはずです。

そしてあなたは、もっと居心地のいい世界で暮らせるはずです。

つらいことが起きたときこそチャンスと思う

愛する人との別れや死別と直面したときは、誰もが、本当に辛い思いをします。

また、重病を患ったり、職を失ったりなど、途方にくれることも人生には起こります。

ただ、こうした苦境というのは、実は天界からの「ボーナスポイント」をゲットするチャンスが到来しているのです。

正に、天から注目されているタイミング。

たくさんいる人間のなかで、ピンポイントで光が当たっていると言ってもいいでしょう。

それなのに、たいていここで、「私は運がない。あーあ、なんでこんなことになったんだ」と思ってしまう。

そして、テンションが下がり、低い波動で行動する。

それでは、もちろん天界からの恩恵は受けられません。

もう死にたいくらい苦しいことが起きているときこそ、ピンスポットが当たって目立ってる。

こういうときこそ見せ所。地球という大舞台で自分の役割を演じているのだとしましょう。たくさんの登場人物の中で、スポットライトが当たってる。そんな一番の見せ場なのです。

本気で演じきる。そのパフォーマンスが素晴らしければ、きっと神様からたくさんのご褒美をいただけるでしょう。

神様から愛されている人ほど、難しい脚本を用意してくることが多いようです。「やっぱり人生って、ドラマティックなほうが面白いですよね」とか、神様と相談しながら、むしろ難しいストーリーを作り上げてくるのですから。

非常に大きい波くらいに思えたら、何が起きても楽しめます。

コンプリートしたら、次のゲームステージに入れるのです。

あの世がこの世で、この世があの世。向こうの世界が本当の世界で、こちらがバーチャル。アバターの自分がゲームをして楽しんでいる。

それくらい大胆に、イメージの世界で遊んでみてはいかがでしょう。

「なんで私だけがこんなに辛いの」。そんな恨みとか、妬みとか、要らないものは全部なくなっていくわけです。

恨み心を昇華させる

恨むという気持ちは醜いこととわかってはいても、やはり嫌なことがあれば恨み心が出てしまいます。

自分にとって大切だったりすると、それはなおさら。

関わりが深い分、甘えと期待が入り混じり、「恨む」というシチュエーションになりやすいのです。

そこで、「こんなこと思ったらダメ」と急いで打ち消さなくていいのです。

もし、そんな気持ちになったときには、まずは、

「私は悔しいんだな、認めてもらえなくて」

「私は寂しいんだな、もっと分かり合いたかったのに」

出てきた感情を全部認めてあげる。

ネガティブな感情を抱くこと自体が悪いのではなく、そんなふうに感じた自分を嫌いになるほうがマイナスなのですから。

そして、「自分の本当の望みは何か？」「どうしたら叶うのか？」というところへ気持ちを集中させます。

人間関係のトラブルもまた、成長のチャンスです。

「あなたのおかげで私はこんなにも成長できました。ありがとう」と言えるくらいステージアップすれば、それでいい。

こうした、考え方のシフトは、今後のあなたの人生を劇的に変化させます。

「恨む」という感情はとてもネガティブ。

少しずつその感情を減らしていくというのは難しいですから、「恨み心」は一気に、「感謝」へと昇華させましょう。

引き寄せの正しい意味を知る

よく「引き寄せの法則」とか、幸運を引き寄せるとか、耳にしますよね。これは私は、本当は、引き寄せているというよりも、返っていると思うのです。

「返報性の原理」という方がしっくりくると感じています。発したものに見合った同質・同等・同格のものが返ってきているのです。

願いを叶えるために強く念じれば、叶ったものを引き寄せることができるのではなく、自分と同じものを引き寄せてしまう。願ったものではなく同じものが返ってくる。

「手に入れたい」ものがあっても、同レベルの波動を発していなければ、手に入らないのです。

心理学でいうなら、「自己開示返報性」です。

誰かに「私に心を開いてほしい」と思うのなら、まず自分が心を開かなければいけません。

自分が心を開いた分だけ、相手も心を開いてくれるのです。

同様に、何でも発したものが返ってきますから、

「もっとこうだったらよかったのに」「なんでこうならないのだろう」と思っていたら、またしてもそれに相応しい残念な結果が返ってくるのですね。

くよくよするようなことがあっても、こうした仕組みを知っておけば、前向き

に転換できるわけです。

「自分の思ったとおりにことを進めたい」

誰しもそう思うものです。

私も、少し前まではそうでした。

大切なのは、そのたびに、どんな感情で乗り越えるか、それによって、その続きには雲泥の差がでます。

契約していたことを土壇場で不履行されて、そのために仕事にならなくなったとしましょう。

そんなときには、怒りではなく、

「これもすべて神の御心だ。今回は嫌な思いをしたけれど、きっとこれでよかったのだ」と思ってベストを尽くせば、タイムラグの後に、もっと素敵な展開が返ってきます。

もう一段階、大きなステージを与えられるのです。

裏切られたと思ったり、騙されたと感じても、いったん気持ちを落ち着けて考えてみてください。

それを受けた自分が良い波動を出していたら、それにふさわしい次の展開が待っているはずです。

神様はパーフェクト、起きることはすべてベスト。そう信じ切って行動すれば、歯車は自分の望むように廻り出します。

脳の操作で、好みも書き換えられる

私は、幼いときから甘いものが大好きでした。

そして、大人になってお酒を飲めるようになったときから、すごく太りだしたのです。

お酒も甘いものも、言わずと知れた高カロリー、そのままでは肥満一直線だったでしょう。

どちらかにしなければと、お酒のほうを取りました。甘いものをやめようと決めたのです。

でも、我慢するのはすごいストレス。

だから、「私は甘いものは嫌い」「ということにした」のです。

例えばバースデーケーキなど、心を込めて手作りしてくださったものはいただきますが、欲しないので基本的には食べません。

甘いものを必要としないように（脳を操作して）チェンジしたのですね。

三次元に縛られずに、不思議な力が備わっていることを知っていると、こうしたことができるのですね。

幼いときから祖母が神様の啓示を受け、人間界の常識をはるかに越えて生活しているのを、間近で見聞きしているのが私の日常でしたから、脳の操作をして好みを書き換えるということくらいは逆に普通。

好きという部分を、嫌いに書き換えただけのことなのです。

本当は、それぐらいのことは誰にでもできるのですが、「できる」と本人が認めないとできません。

実は誰でも、何でもできる能力を持っています。

脳は大宇宙から無限の可能性を与えられているのに、「できない」と思い込みブロックをかけてしまい、使えなくなっているのです。


「私はダメな人間だ」と思っている人。

その人は、いつも失敗し、バカにされて、仕事もできず、お金もなく、モテない。何をしてもツイてない。

でもそれは、あなたがそう思い込んでいるから、「そんな人」になったのです。

自分のイメージどおり、「ダメな人」と証明できることばかり、わざわざ自分で引き起こしているのです。


ですから、セルフイメージはとても重要。

「こうなりたい」ではなく、「自分はこういう人間だ」と決めてしまえば、そのイメージの具現化も早いでしょう。

自分にとっての悪役に感謝

あなたを困らせる人、怒らせる人、落ち込ませる人……できれば避けたいその人たちとは、実は魂レベルで深く繋がっている人なのかもしれません。

魂はそれぞれグループを組み、共にループしていると言われます。

お互いの役割を交換しながら、時には応援したり、時には邪魔をしたりして、それぞれの成長を助け合っているのです。

悪役をかってくれるのもまた、絆の深い人（魂）と言えますよね。

そう考えれば「わざわざ嫌な役をかってくれてありがとう」と、感謝さえ湧いてくるのではないでしょうか。

こちらが「その氣」で接すれば、悪い方向に進むことはありませんよね。

起こった出来事の大小ではなく、そこにどんな感情を持つか。どんな対応をするか。それを天から「お試し」されているのですから。

次のステージへ昇るための〝卒業検定〟ともなれば、身近で信頼していた人から酷い裏切りに遭うこともあります。

ですが、これもまたボーナスポイントゲットのチャンス!!

それくらいに楽しむ余裕があれば、すべてはうまく展開し、結果的にあなたはより高いステージへと導かれるのです。

普段から自分の周りの人たちと楽しみながら関わっていく。

それも、天の仕掛けをうまく動かすコツといえるのではないでしょうか。

妬み、嫉妬から解放される

どんなときに、あなたは嫉妬を感じますか？

それは、あなたの「したいこと」を身近な誰かがしているときではないでしょうか。そしてそれは、あなたにも充分できそうなことだからではないでしょうか。

例えば、プロ野球選手がホームランを何百本打って新記録を更新しましたと聞いても、まったく野球に興味のない人にとってはどうでもいい話。

アラブの大富豪が、自家用ジャンボ機を購入しても妬まない。

「近隣者のナルシシズム」という言葉があります。

それは、自分と遠いところで起こっていることには関心がない、嫉妬しない、ということなのです。

身近な誰かが、あなたのしたいことをしているから気になるのです。

そしてそれは、必ずあなたにもできることなのです。

自分にも可能性がある、と魂が知っているから、ゾワゾワした気持ちになるのです。

努力すればそうなれる自分がすぐそこにいるということなのです。そうでなければ、目にも耳にも入りません。もちろん心もザワつきません。

我慢はしなくていい

トラブルメーカーとは、どんな人か？　分析してみると、

「私はいつも我慢している」

「だからいつも、私は損ばっかり」

そう思っている人たちではないかと思うのです。

毎日おもしろくない。

となると、楽しそうな人、幸せそうな人に腹が立つ。何か文句をつけたくなってしまう。いちいちが気に障るのです。


逆に〝わがまま〟とはどんな人でしょう。

これには二通りの意味があります。

1つは、「他人のことを考えず、自分の都合だけを考えて行動すること」、もう1つは、「自分の思いどおりに振る舞うこと」。

前者は、周りに迷惑をかけますからもちろんダメですが、後者の、自分の思いどおりに振る舞うことは、実際にはなかなかできない。

本当は難しいことなのです。

英語であれば、セルフィッシュとエゴイストという言葉がありますが、私の解釈では、前者はセルフィッシュ、後者はエゴイスト。

セルフィッシュは、イメージ通り「自分本位」ですが、エゴイストのegoはラテン語で「私」、isteは「〜する人」という意味になり、それは、「自由（自らに由る）」ということなのです。

自由に、思いどおりに振る舞うことで、自分が幸せになり、そして、自分の周りの人も幸せにできている。それがエゴイストです。

「我がまま」に、自由に生きて、自分も楽しく、周りも楽しませることができたら、こんなに幸せなことはないですね。

自分自身への命のバトンをつなぐ

命のバトンは、一般的には先祖から自分、自分から子どもへという流れですよね。

親からは2分の1ずつ、祖父母からは4分の1ずつのDNAというバトンをつないでいただいています。

それをまた、自分が子や孫に継いでいくというのが、命のリレーです。

私は、それとは別に、もう1本バトンがあると思うのです。

魂のループのなかで、前生の自分から、今生の自分にバトンが渡っている、そして来生の自分につなげるというリレーです。

このリレーを、魂はずっと続けていると考えてみます。

それを大学駅伝リレーで例えてみると、道にもアップダウンがあり、長い区間、短めの区間とありますよね。

比較的簡単に走れる区間は、1年生が走ることが多いでしょう。厳しい区間は、上級生が頑張るわけです。

これに同じく、魂のリレーのなかでも、平坦な人生もあれば、過酷な人生もある。魂がある程度成長してきたら、その人生も過酷になってくることが多いのです。

自分が厳しい状況になるのは、魂が成長してきた証。人と比べる必要もありません。

駅伝では、次の走者に少しでもよい順位でバトンタッチしようと尽力します。

自分から自分へつなぐ魂リレーでは、他者と競うことはありませんが、やはり次の自分に、できるだけ良い状態でバトンを渡したいですよね。

「今生の私」が、心臓破りの坂を越えておけば、「来生の私」には楽させてあげられる。

こんな遊び心で人生を捉えてみると、深刻な問題も見え方が変わってきませんか。

自分のなかの子どもを癒やす

大人になると毎日忙しく、幼い頃のことを思い出すことすらなくなりますが、皆さんのなかには、幼いあなたがいるのです。

リトルプロフェッサー（インナーチャイルド）。とっても賢い、「認められるため」「愛されるため」必死に知恵を絞って頑張った健気な「幼いあなた」です。

心に何らかの引っかかりがある、臆病で自信がない、人とうまく関われない、自分が好きになれない。そんな方は彼（彼女）の気持ちを聴いてあげませんか？

幼い頃、親や友達に言われてひどく傷ついた言葉、されたこと、そのときの悲しい感情が、いまだ癒やされずにいる、幼いあなたの影響かもしれません。


傷ついた幼い私。

健気に耐えた私。

必死に立ち向かおうとした私。

幼いあなたを認めてあげて、愛してあげる。

「よく頑張ったね」

「寂しかったね」

「辛かったね。でも、もう大丈夫だよ」

「安心してね。今の私は幸せよ」

しっかり、抱きしめてあげられるといいですね。

幼いあなたを癒やせるのは、大人になったあなたしかいないのですから。

エッセイ「もう一人の自分」　月刊「奈良」2012年2月号より

読んだだけで……。聞いただけ、見ただけで……。会っただけで……。知ってるつもり。実は知らないことがたくさんあります。

先日ふっと、当然と言えば当然のことに気づきました。『自分の顔を見たことがない』そう、私の顔と思っていたのは、鏡に映し出された顔。本当の顔を知らないのです。それは、すなわち、誰しも《他人のことはよ～く見えているのに、自分自身のことは見えていない》ということなのかもしれません。〝健やかなる時も病める時も〟ひと時も離れずいつも一緒にいたはずなのに……。

【自分だけが知っている自分　他人も自分も知っている自分　他人だけが知っている自分　自分も他人も知らない自分】どのくらい、自分のことを知っているのでしょうか？

いつのことだったか、他愛ない会話から私の幼いときの話になり『と～っても感受性の強い子だったたわ。それに、甘やかして育ててもらったから、ガラスのお心よ！』と笑い話にして、情けないまでに健気な数々のエピソードを披露しました。すると、『マリさん、もし、そのときの自分に会えるとしたら、何て言ってあげたいですか？』予期せぬ唐突な質問に、思わず感じたそのまま『「大丈夫よ～、心配しなくっていい！私がついてるから！　大丈夫よ！」って、思いっきり抱きしめてあげるわ～』と、【もうひとりの私の叫び声】に応えたことを覚えています。新鮮な体験でした。

似たような方法は、（知識として）知っていたはずなのに……頭で知っているのと、身を以って知るのとは明らかに違うということです。

『（相手の）意図は何かな？』『何を期待しているのかな？』いつもの癖で、無意識に考えたなら出てこなかった本音。実は……そうなんです。表向きの顔とは裏腹に、焦りと心細さで安らげない。『守って欲しい！　助けて欲しい！』誰かにすがりつきたい気持ちでいっぱいでした。〝大丈夫に見せかけて大丈夫ではない〟私にとって、自ら発した「大丈夫よ！」は〝天下の⁇　宝刀〟！　これさえあれば大丈夫。きっと、誰にでもそんな言葉があるはずです。

どこからともなく聞こえる『まさか！　バカバカしい』の声に応えて補足しますと、【実際に口に出した言葉は、五感を通して潜在意識に働きかけ、言葉通りに物事を実現させる】古代より我々日本人に伝えられてきた言霊の法則は、近年になり、その有効性が科学的に実証されています。

また、深層心理学の分野では、フロイトが潜在意識の存在を世に知らしめましたが、これこそが、まさに「〝自分〟の正体なのではないでしょうか。圧倒的に自我の比重を超えた〝超自我〟の存在。つまり、人間は、自分の知らない〝もうひとりの自分〟に行動をコントロールされているのです。〝衝動の有るところに自我を在らしめよ〟の言葉通り、内なる声との二元性が調和・統合されれば、安定感のある人間性に成り得るのですから。この二つを組み合わせ、応用すると考えれば、〝お値打ち〟でしょ？

内なる声に、心を傾け聴いてみるなら、【もうひとりの自分】は何と叫んでいますか？

聴き入れてあげるだけでも充分です。

【もしも、あなたが声をかけられるとしたら、何と言ってあげたいですか？】

その声に応えられるのは、世界中で唯一人。今、ここに在るあなただけ。

もしも、しっかり応えてあげられたなら、もう、昨日までのあなたとは違っているのです。明日を見据え、力強く大きな一歩を踏み出したのです。恐れることなど何も無い。自分を頼りに生きていけるのですから。

第三章　神様との願いが心に花開く

幸せの希求

戦後、日本は高度経済成長の時代を迎え、私たちはいい大学に入って、立派な会社に入り、ちゃんとした家庭を築けば幸せになれる。

地位を上げてお金持ちになれば、必ず幸せになれる。

そう教えられたのです。

でも、その結果どうだったでしょうか。

心も身体もすり減らし、ボロボロになってしまった人がどれだけ多かったことでしょう。

いい大学に入るためには、情操教育はむしろ邪魔物にされ、一番大切な死生観はないがしろにされ、「魂」について語ること自体、宗教じみたものとして敬遠されました。

そして、何を信じていいのかわからなくなったのです。


時代の大転換期を生きている私たちは、今、どのように生きればいいのでしょう。

天から、一人ひとりが問われていると思うのです。

「私にしかできないこと」

一人ひとりがそれを見つけなければいけないのではないでしょうか。

私でいえば、以前は、

「こんな変わり者の私に何かできることなんてあるはずがない」

ずっとそう思っていました。

ですが、最近、発想を逆転したのです。

「変わり者の私だからこそ、何かできることがあるんじゃないか」

「私にしかできないことが、きっとあるはず」

それを真剣に追求しようと思えたとき、世間の目なんて怖くなくなりました。

そして、そこに向かっているときの私は輝いている。

はじめて自分でそう思えるのです。


幸せとは、魂の喜ぶことをする、これに尽きるのではないでしょうか。

本当の自分はどこにいる？

人はよく、自分探しの旅に出ると言います。けれども、本当の自分なんて、外国に探しに行ってもいないのです。

実際には、自分の一番奥底に封印していることが多いのではないでしょうか。

その封印を解いて、魂のままに生きるというのはすごく怖いことです。

隠れ蓑にしているペルソナで生きていけば、傷ついたところでそんなに深手を負わなくてすみますから。

私は、やっかいな自分という人間を取り扱うことに、長年苦労していました。大嫌いな自分を好きになるのに、40年かかりました。ダメなところ、欠点を見つけては、無理矢理に変えていく、「ダメ出し人生」だったのです。

ようやく最近、私自身を愛おしく感じ、どんな自分であったとしても、可愛らしく思えるようになりました。

そして、50年かけて、私が創り上げた作品、「三宅マリさん」を感謝の心で、神様にお還ししようと考えたのです。

「神様ありがとうございます。私は私を傷つけてきました。いつも本当にすみませんでした。どんなに酷いことを言ってもどんなに痛めつけても、健気に受け入れ、変わり続けてくれた人なのに。認めてあげず、愛してあげなくて。いつもダメ出しばかりしていました。本当に申し訳ありませんでした」

懺悔と感謝を繰り返し、これまでの私を神様にお還ししたのです。


そして、大切に築いていた人間関係も、いったんすべてお還ししたのです。

「私にとっては、みんなとっても大切で、大好きな人たちです。ですが、神様にすべて委ねて、いったんお還しします。お互いにとって必要なら、どうかもう一度ご縁を繋いで下さい。私にお戻しくださいませ」

そう祈り、ほとんど誰とも会わない期間を過ごしました。

そうして、新天地で次々に素敵な出会いや奇跡的なご縁をいただくなか、以前からの仲間とも、お互いさらに良い状態で、再び出逢い、一層絆が深まったことを思うと、私を導き、愛して下さる神様の存在を改めて確信するのでした。

神様との願いが心に花開く

祖母とお祈りするのだけが楽しみだった幼い私が、声を合わせて唱えた言葉。

それは、「かんながらたまちはやませ」。

私の魂に根付いたこの言葉は、「神様の願い、それは、私の願い」。

「私の魂が望み、神様にも望んでいただいている、そんな生き方に、どうかお導きくださいませ」という言葉なのです。

「これだ」とひらめいたのです。

「肉体のある私は活動できる。神様に私を使っていただこう」

「きっとまだ神様と一緒に決めてきた魂のミッションがあるはずだから。それをすればいい」

そう決心しましたが、

「そんなものが本当にあるのか？　そのミッションとは何なのか？」

「どうやって見つければいいのか？」

まったくわからないのです。

でも、不思議と不安になったり焦ったりせず、とても落ち着いている。

それはやはり、すでに以前と同じ私ではないのです。

そこで、神様と自分を信じて、ただ毎日楽しく生きることだけを心がけました。

何のアクションも起こさず、心を鎮めて、この言葉だけを唱え、この言葉を書き続けたのです。


惟神霊幸倍坐世（かんながらたまちはえませ）

着ぐるみを脱げばすべてが廻り出す

そこから、私の人生が大きく変わってきたのです。

「かんながらたまちはやませ」を唱えだしてすぐ、広島のクリニックの先生が主催されるイベントに呼んでいただいたのですが、そこには私の人生をステージアップさせていく重要な役割を担って下さる方々が集まり、そこからミラクルな展開が起き出しました。

正に、この出版のきっかけもここから波及し、次々繋がれ、いただいたご縁なのです。

ようやく、「運命の脚本」と「宿命の脚本」の歯車が噛み合い、初めて廻り出したということなのです。

人との出会いも、天界からの大切な使命を持って送り込まれた魂の仲間との縁で繋がりはじめたと同時に、幾多の偶然が奇跡としか思えない必然を生み出し、私はミッションの導線へと誘《いざな》われていく。

必死に頑張ることを止め、全てを神に委ねたとき、計り知れない恩恵を与えられるのです。

奇跡とは自然に反するものではなく、人間の常識に反しているのですから。


神様に愛される法則。

それは、人間界の常識とは真逆なのです。

人間界で価値あるものと、天界で価値あるものがまったく違うのです。

「あの世がこの世で、この世があの世。どっちがおもしろいかな?」くらいの遊び心で、あちらの世界の常識に思いを馳せてみるのもいいのではないでしょうか。

硬い仮面を付けて、動きにくい着ぐるみを着て、周りの人の顔色をうかがいながら生きるより、神様に可愛がられて、特別ひいきされるくらい愛されたほうが、パーフェクトに護られ、きっとすべてに幸せを感じられるはずです。

処世術でうまく世渡りしていこうとすると、神様から逆に離れていくともいえるのです。

御心のままに、魂の喜ぶ生き方をすれば、天界から素晴らしいご縁が与えられ、あなたの人生は生きる喜びで満たされるはずです。

使命は大きいほど簡単には見つからない

使命というのは、簡単には見つけられないようなシステムになっているみたいなのです。

例えば、家族を笑顔にするという使命を持って生まれてきた人がいたとします。

その家は悲惨な状況で、どんなに頑張っても、笑ってくれない。

けれども、それはあえて仕組んできている、そういう脚本を書いてきているのですね。つまらないことを言っても笑ってくれるような家では、全然トレーニングにならないので、あえて笑いのない家庭に生まれてきます。

お父さんは飲んだくれで、お母さんは愚痴ばかり言っているとか。そこで何とかしたいと思って、ピエロになればなるほど、余計に状況が悪くなる。

どこかの時点で、ほとんどの子どもは諦めてしまいます。自分が使命を持っているということを忘れていますから、あまりにも辛すぎて、傷つきすぎて、ポキッと心が折れてしまうのです。

けれども、諦めずに少しでも周りを明るくし続けた人が、売れっ子芸人になったり、そのひょうきんでポジティブなキャラクターが活きて、人を集め、成功を収めることもあるでしょう。

ほとんどの場合、大きな使命の歯車が廻りだすのは、40歳以降のようです。

それまでは、与えられた環境のなかで、「自分を育む」期間なのですから。

なぜだか人に愛される人

一見平凡に暮らしている人のなかにも、この人は実は、周りの人や社会に、すごく貢献をしているな、と思う人がいます。

そういう人は、霊的なレベルが高い段階までいっているのではないでしょうか。今回の人生では（魂のグループの）仲間を応援する目的で生まれてきたとしたら、あえて選んで、表に出て目立つようなことはせず、さりげなく裏方やサポーターに回っていることもあるようですから。

それに同じく、人と人とのご縁をたくさん繋ぐ人。ひょうひょうと場を和ませる人、盛り上げる人。（困っている人に）サラッと救いの手を差し伸べる人たちもまた、霊格の高い人なのでしょう。

「私は本当に幸せだ」と思えてから広がる新世界

メリット、デメリットという観点で人と付き合っている人たちには、これからの時代、幸せを掴みにくくなるでしょう。

メリットがあると思ってお付き合いしても、その人といても楽しくない。魂が喜んでいない場合、自分への裏切り行為になってしまいます。

そうした時間が長い人ほど、神様からは見離されてしまうのです。

自分に与えられた環境のなかで、「いつか幸せになってやる」ではなくて、「毎日が楽しい」と思えたときに、次の世界が拓けます。

人生の苦労や困難は人それぞれ。人間関係もあれば、お金の問題や病気など、いろんなパターンが考えられます。

私の場合は、心の問題。

「いかに生きるか」

幼い頃からそれを、とにかく考えさせられました。

「生きること」について考え、悩み、苦しんで、死にたくなるくらいでしたが。

学生時代に、友達にそうした話をしてみたら、

「そんなことは考えたこともないわ」と言われて、びっくりした記憶があります。

それぞれに、それぞれの魂の脚本があり、それをコンプリートするための人生なのですね。良いも悪いもありません。

そのために、肉体が与えられているのですから、何でも思い切り楽しんでしまえばいいのです。

あとがき

私の好きなアメリカの心理学者シーベリーは、『幸福論』のなかで、このように述べています。

「自分は白鳥なのに、小夜鳴鳥《さよなきどり》(西洋うぐいす)の役割を演じろと要求されても、決して小夜鳴鳥の役割を演じてはいけない。白鳥であることに固執しろ」

私たちは、誰に遠慮することなく、堂々と「私」を生きていいのです。

小さな籠の中に閉じこもっていないで、もっと自由に、もっと大きく羽ばたいていいのです。

神様が望んでいらっしゃるのは、あなたが幸せに在ることなのですから。

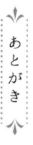

エッセイ「生きる」　月刊「奈良」2013年1月号より

〝生きざま〟は〝死にざま〟と聞いたことがあります。

人気歌舞伎役者の早すぎる最期を悼んで各界から寄せられたメッセージが象徴的。

『一度会った人は、絶対に彼のことを好きになるはず』『ちょっとでも話したら、どんな人でももっと彼と話したくなるはず』

実際に会って話さなくても、その人がどれだけ素敵な人だったのか、うかがい知れます。


人類最大のテーマであるにも拘らず《〝死〟＝最も忌み嫌われる言葉》ですが、〝死〟をどう捉えるかによって対極にある〝生〟、生き方が違ってくるように想います。

〝死としっかり向き合うことで生命《いのち》が輝く〟と言えるのではないでしょうか。

私が最初にそれを意識したのは、やっと物心ついた頃。

〝地獄絵図〟なる巻物を観たとき。もしも地獄に落ちたら〝たいへんな目に遭う〟、「死ぬのは怖い」それだけが強烈にインプットされてしまいました。

またタイミング悪く、読んでいた本は〝杜子春〟。

「パパとママが死んでから、馬にされたらどうしよう」怖くて眠れず泣きついたとき、母にアッサリ言われました。『大丈夫よ、ならないから』

そう、その通り。いたずらに恐怖心を煽る必要はありません。

ですが実際、人間は死んだらどこに行くのでしょう？

『What Dreams May Come』

『ぜひ観て！』と、アメリカ在住のソウルメイトが勧めてくれた映画です。

物語は、西洋文化的思想で死後の世界を描いているのですが、鋭い人間洞察による巧みな心理描写で精神世界をえぐり出していますから、人間界のそれにも充分通じます。私は、深い感銘を受けました。

《交通事故で最愛の子どもたちを失い、「迎えにさえ行っていれば……」と自分を責め続ける妻。それから四年後、心を病む妻を支えていた医師の夫自身も事故に遭い、現世を離れることになる。夫の魂は、悲しみに暮れる妻に寄り添い、「ぼくは君のそばに居るよ」と語りかけるが、家族の死を受け入れることの出来ない妻にその想いが届くはずもなく、かえって彼女を追い詰めることとなる。妻を苦しみから解放するため、夫は天国に召されることを受け入れ……》とまぁ、導入部分はこんな感じ。ここからドラマが展開しますが、興味のある方は日本語版〝奇蹟の輝き〟をご覧ください。

我々日本人は、故人がどのように考え、どう人生に向き合ったか、それを讃えることを重要視せず、〝長生きがいいこと〟といった風潮をはじめ、たくさんの偏見をもっていますから、遺された人々は、与えた愛が深ければ深いほど、与えられた愛が大きければ大きいほど、「もっとこうしてあげられたのに……」「こうしていればよかった」と、自分を責めてしまうことに、私は胸を痛めています。

惜しまれ悔やまれこの世を去った方々、早世された方々には、なおさら大きな意味があると考えているからです。

何故なら、私自身が体験した数々の神秘的な出来事を通して、また、親しい人たちから聴いた具体的なエピソードから、そういえるだけ充分な確信をもっていますから。

別の言い方をすれば、「勝手にそう思っているだけ」ともいいますが。

ともかく、遺された人々は、〝あの人〟が、どこで何をしているのか？「それが知りたい」

けど、現に生きている人間誰にも、本当のことは解らない。

なら、どう想うかは自由です。

それならば、（騙されたと思って）私のいうことを信じてみませんか？あえて、断定的に申します。

【肉体を離れた魂は、大宇宙に還《かえ》り、宇宙の真理と融合し、愛する人々を護《まも》り導くのです。現世に残った無念の想いは、激しい光を放つエネルギー源となり、より一層大きなパワーで、愛する人々を包み込むのです】

だから……あなたは、独り淋しいとき、思わぬ出逢いに恵まれるはず。

落ち込んだとき、きっと誰かに支えられるはず。

迷ったとき、ふっと見聞きしたこと、手にした本にヒントを見つけるはず。

悩み苦しんだとき、親しい人がそっと答えをくれるはず。

だって……あなたには、〝あの人〟がいつも寄り添っているのですから。

心をシャットダウンしていては、天界からのせっかくのメッセージもキャッチできません。あなたの大好きなあの人（魂）が、あなたにいちばんして欲しいことは、希望をもって〝生きる〟ことではないのでしょうか。

「生の歓びは大きいけれど、
自覚ある生の歓びはさらに大きい」

ゲーテ

かんながらたまちはえませ
神様《かみさま》に愛《あい》される魂《たましい》の磨《みが》き方《かた》

三宅《みやけ》　マリ

明窓出版

令和二年十二月十日　初刷発行

発行者——麻生真澄
発行所——明窓出版株式会社
〒一六四—〇〇一二
東京都中野区本町六—二七—一三
電話　（〇三）三三八〇—八三〇三
FAX（〇三）三三八〇—六四二四

印刷所——中央精版印刷株式会社

落丁・乱丁はお取り替えいたします。
定価はカバーに表示してあります。

ISBN978-4-89634-426-4

三宅マリ

インサイドリーディング　セラピスト（株式会社　GTM 代表）

日露戦争当時の海軍大臣として日本軍を勝利に導き、その後、政治家として日本を近代国家として築き上げた、第 16・22 代内閣総理大臣山本権兵衛の玄孫（やしゃご）。権兵衛の初孫である、マリの祖母・輝は、40 歳にして突如、失明という苦難を乗り越えるなかで、“目に見えない偉大な存在 " を確信し、その半生を福祉活動や青少年育成に捧げた。

幼い頃から祖母に学び「生きるとは何か」「自分とは何か」と、人間の本質に興味を抱き、10 代より全日本カウンセリング協会議会理事、六浦基氏に師事。その後、社会生活や子育てなどを通して得た、体験的な学びを、心理学知識で裏付けた独自の視点で、エッセイの執筆や講演活動を行う。

著書に「あなたをぐんぐんしあわせに導く 運命の脚本の書きかえ方」（幻冬舎）がある。